Olga Xirinacs

El meu pare és capità

Il·lustradora: Gemma Sales

edebé

© Ed. Cat.: Edebé, 1995
Passeig Sant Joan Bosco, 62
08017 Barcelona

Disseny de la col·lecció: DMB&B.
Il·lustracions interiors i coberta: Gemma Sales.

1a edició, maig 1995

ISBN 84-236-3781-6
Dipòsit Legal B.25000-95
Imprès a Espanya
Printed in Spain
EGS - Rosari, 2 - Barcelona

La Flora deia que el seu pare era capità. La Flora tenia sis anys i des que va néixer la portaven al port a veure el seu pare al vaixell. Altres vegades era el pare que tornava a casa i es quedava uns quants dies. El pare els duia petites barques de fusta per jugar, i capses fetes amb petxines i cargols de mar, per fer bonic. Hi havia un gran cargol que es posava a l'orella i feia el soroll de les ones.

El vaixell del pare era vermell i negre, i als ulls de la Flora es veia grandiós. Es deia *Roma* i tenia piles i piles de cordes gruixudes com braços d'home, totes ben posades en rotllo. Tenia xemeneia, banderes i una sirena que tocava fort, molt fort, tant que feia mal a les orelles. Tenia salvavides, llanxes i grua, i sempre estava a punt de sortir, preparat per qualsevol aventura.

Per dins era com una casa, amb cuina i lliteres per als mariners. Tenien una saleta amb televisió i allà s'estaven ella, l'Isidre, el pare i la mare quan baixaven a veure el pare. L'Isidre tenia deu anys i marxava de seguida a enfilar-se per les escales o a inspeccionar les màquines. L'Isidre volia ser capità.

8

A la Flora li agradaven els dies de Nadal al vaixell. Els mariners guarnien les cabines i el menjador amb garlandes de colors lluents i muntaven un arbre amb bombetes que s'encenien i s'apagaven i es veien des de fora. Quan arribaven de visita, després de dinar, la Flora picava de mans i els mariners la feien ballar en rodona, contents. Tots els mariners eren gallecs. Portaven menjar dels seus pobles i omplien la taula de Nadal amb caixes de dolços, botifarres, pernils, licors i una pila de coses bones. A la Flora li agradava molt baixar al port a veure el seu pare.

Quan entrava al seu vaixell, es gronxava sobre l'aigua i ja hi estava acostumada. Era com un balancí, però els dies de temporal es movia fort i llavors s'agafava a les faldilles de la mare.

La Flora, a col·legi, deia que el seu pare tenia un vaixell molt bonic i que un dia la portaria a Amèrica i a la Xina. Als seus amics els hauria agradat també tenir un pare capità.

El dia que la Flora va fer set anys, va

ser un dia molt bonic i molt trist. Un dia de plorar i riure. La Flora volia una festa de caramels i barrets lluents de paper de colors amb els amics, però la mare va dir que anirien al port i es menjarien un pastís amb el pare i la resta dels mariners.

Aquell dia es va despertar aviat perquè estava contenta i sabia que li farien un bon regal. Era el primer dia de juliol i la mare volia anar a la platja amb la Carme i les seves nenes. La Carme vivia a l'escala, era amiga de la mare i cosien totes dues a casa de la Carme. A la Flora li agradava la Carme perquè li deixava remenar la capsa de botons i perles. Hi ficava les mans, els deixava caure des de dalt i brillaven. Les dues amigues eren modistes i feien vestits per a les senyores que els encarregaven. A l'hivern treballaven més, però a l'estiu anaven a la platja després de les dotze i només cosien a la tarda.

La mare havia fet xocolata. A l'estiu esmorzaven a la galeria, entre torretes de geranis i les gàbies del canari i de la cadernera. S'hi estava bé, i la mare posava estovalles de colors i tasses grogues. A fora se sentien els coloms, que venien a recollir les molles.

Mentre esmorzaven, la mare es va començar a mirar la Flora i li va donar un paquet molt ben embolicat. «Felicitats, nena!», va dir, i li va fer un petó. Primer la cinta verda, després el paper de flors roses, i per fi la capsa. Era una capsa gran, preciosa, tota folrada de roba de flors roses, igual que el paper d'embolicar. Tenia calaixos, i dins dels calaixos hi havia paper de cartes amb dibuixos de flors, conillets i ocells. Bolígrafs i llapis, goma i maquineta, un regle i una lupa, i un sobre de segells per

enviar les cartes a les amigues i als amics.

La Flora estava molt contenta i va córrer a posar la capsa a la seva habitació, no fos que es taqués de xocolata. Després va tornar a la taula. Ara la mare estava més seriosa i li va dir que segués.

—Has de saber una cosa, Flora.

—Què, mare?

—És sobre el teu pare.

—Què vols dir, mare?

—El teu pare no és capità, com he sentit que deies alguna vegada.

—Doncs, què és?

—És cuiner.

La Flora va arrugar les celles. Necessitava una mica de temps per passar la

figura del seu pare de capità a cuiner. Era molt diferent, allò.

—Així, el vaixell no és seu?

—No, nena. És del port.

—I no podré anar a Amèrica?

La mare va somriure, perquè no es pensava que la Flora volgués anar a Amèrica. No li ho havia sentit a dir mai.

—Volies anar a Amèrica amb ell?

La Flora tenia el cap baix perquè s'havia descobert. Què dirien, ara, els companys d'escola? Si el pare no era capità, és que no manava. Qui mana és ric, i ara el seu pare era pobre, perquè un cuiner és pobre. I la seva família també era pobra. Ella ja no era la filla del capità.

Li va semblar que el dia es tornava

fosc i li van venir llàgrimes als ulls. La figura del seu pare, de gran que era, s'havia fet petita. Es va prometre que no aniria més al vaixell. No hi volia anar. Ara ja plorava amb llàgrimes grosses i calentes.

L'Isidre se'n reia, però la mare ja l'havia avisat abans i es tapava la boca amb la mà. Ell tampoc no es pensava que la Flora es disgustés tant per una rucada així. Ell sí que seria capità, i d'un bon transatlàntic, com el *Queen Elizabeth 2*. Li va dir a la Flora:

—Ja aniràs a Amèrica quan jo sigui capità. Perquè jo seré capità de veritat. Tindrem més de mil mariners i unes bones taules servides per cambrers amb uniforme blanc i daurat. I jo manaré i

saludaré les princeses i els prínceps que viatgin amb mi.

La Flora no contestava i plorava en silenci.

—I encara hi ha una altra cosa, nena. Aquesta embarcació on està el teu pare no va a Amèrica, no porta càrrega ni passatgers. És un remolcador.

La Flora va alçar els ulls vermells i va preguntar, mentre es mocava amb un mocador de paper que li va donar la mare:

—I què és un remolcador?

—És una embarcació que serveix per moltes coses. Per ajudar a entrar vaixells grans al port. Per estirar altres embarcacions. Per ajudar a apagar focs. Per netejar l'aigua. Per fer salvaments.

Tenen un motor molt potent, ja l'has sentit quan es posen en marxa.

—Brooom, brooom, brooom! Pop, pop, pop!

—Vols callar, nen?

L'Isidre pegava cops de puny a la taula i imitava el soroll dels motors. La xocolata, freda, bellugava perillosament a les tasses.

—Salven vides?

—I tant, nena. Són molt valents, els mariners dels remolcadors. Els hauries de veure quan hi ha naufragis. I a vegades viatgen lluny, cap als pous de petroli de les plataformes que hi ha al mig dels mars. Ells ajuden allà, també.

La Flora havia vist alguna pel·lícula de mariners a les plataformes. Allà l'aigua es movia molt i hi havia grans onades molt perilloses, no com al port, que tot estava tan quiet.

En aquell moment, la figura del pare, que havia naufragat i caigut molt avall en el pensament de la Flora, va pujar fins a la superfície. Com si diguéssim, treia el cap per sobre la línia de flotació. La Flora no sabia si salvar-lo o no. S'ho havia de pensar una mica més.

Com que eren vacances, no calia que ningú de col·legi sabés que el pare no era capità. I a Amèrica hi aniria igual amb l'Isidre. Però quedava una cosa per aclarir:

—Les nenes de la Carme també saben que el pare és cuiner?

—Em penso que sí.

—I, per què no m'ho avisaves?

—Perquè estaves tan contenta quan ho deies, nena... que era com si somiessis, saps? I em sabia greu despertar-te.

—Una mica com els Reis, que no són reis?

Ara la mare reia. A la Flora ja se li havien eixugat els ulls.

—Flora, ja et vaig dir que els Reis sí que són reis. Ja saps que els sants viuen sempre, al cel, com els àngels. I baixen a la terra quan volen. I els Reis d'Orient són sants. Ells van ser molt amables amb el nen Jesús. Li van portar regals. I a la gent també li agrada fer el mateix, portar regals als nens. És bonic, eh?

La mare va escalfar la xocolata i se'n van prendre una tassa més. Li va donar la mà a la Flora i la Flora va començar a somriure. La galeria amb les flors i els ocells tornava a brillar amb el sol de les vacances. I a la tarda hi hauria festa. El pare, que s'havia fet molt petit als seus ulls, va començar a créixer una mica, però no més que un nano de festa major.

La Flora i l'Isidre van fer els llits, van treballar una estona al quadern de vacances i es van preparar per anar a la platja. La Carme els esperava a l'entrada.

A la Flora li costava baixar. Era el primer dia que havia canviat de pare. Sabia que se li notava a la cara que no

era filla d'un capità, i es va mirar fixament la filla de la Carme, que tenia set anys com ella.

—Què mires, Flora?

La Flora callava. Si la Rosa no deia res, seria que no es notava, i ella estaria contenta perquè podria sortir al carrer i ningú no se la miraria amb menyspreu. La mare es pensava que ho feia pels set anys, i va explicar:

—És que avui fa els anys, no ho sabeu?

Les dues nenes de la Carme es van posar a saltar i picar de mans felicitant-la i li van prometre un regal.

La mare de la Flora els va dir que podien baixar amb ells al port a la tarda i els donarien pastís fet pel seu home.

Se'n llleparien els dits, perquè hi tenia traça.

Quan la Flora va sentir això es va posar vermella fins a l'arrel dels cabells, però ningú no en va fer cas. La veritat era que a ella li costava molt canviar de filla de capità a filla de cuiner. No era el pare qui canviava, sinó ella, també, i allò no era com si es mu-

dés de vestit o de pentinat. Era molt més important. Ella no coneixia aquest nou pare. Devia ser com canviar les cares en una foto. Ara havia de retallar la cara del pare i enganxar-la en un cos diferent, vestit diferent. I el pitjor era que ja no manava.

Aquell matí va aparèixer un dofí entre els banyistes. Primer es van sentir uns crits i la gent corria. Després ho van aclarir: «És un dofí, és un dofí!». Els més tafaners van anar a veure'l, perquè era bastant a prop. Deien que el dofí volia jugar amb la gent i que es deixava tocar. «És un dofí jove», comentaven els uns amb els altres. Tothom reia i nedava per sota l'aigua per veure'l millor.

La Flora hauria volgut ser més gran i

tenir unes ulleres submarines per mirar bé els peixos, com a les pel·lícules. Llavors la mare va dir «Anem!», i es va ficar a l'aigua. L'Isidre al davant i ella a coll. La Carme portava una nena a cada braç. La Flora va poder veure una aleta grisa que donava voltes, com un ganivet de punxa que sortís de l'aigua i dibuixés rodones. Era el dofí.

Després de la migdiada la Flora es va posar els pantalons verds i la samarreta brodada. Duia els cabells curts i els tenia arrissats i brillants. Va triar un passador amb llaç estarrufat de color verd, com els pantalons. Era el que ella en deia el vestit de sirena, verda com el mar.

El cor li anava de pressa perquè ja

no veuria més el capità, el seu capità. Era com si ella hagués nascut princesa i ara fos una criada. Igual que el conte de la Ventafocs. Això es pensava mentre es mirava al mirall i es posava colònia. I ella volia ser princesa.

Quan van entrar al remolcador i el pare li va fer un petó, li va semblar que en comptes de fer bona olor de colònia i tabac fi, com fan els capitans, ara feia pudor de ceba fregida, i va girar la cara.

El pare la va pujar a coll i la va portar al petit menjador. Al mig de la taula hi havia un pastís esplèndid, tot de color de rosa amb set espelmes. Era un pastís de maduixa. Mmm! Tant que li agradaven els pastissos de maduixa! Els mariners eren tots al voltant de la taula i li van cantar, amb veus molt fortes: «Aniversari feliç»

El pare li va posar un paquet a les mans amb una etiqueta i un llaç. Unes ulleres per sota l'aigua! Era fantàstic. Aquell cuiner feia uns regals com un príncep. La Flora es va mirar els mariners un per un i els va veure diferents. Ells, en canvi, la veien a ella exactament igual. És a dir, igual del tot, no. Ara la Flora tenia set anys, i als set anys, una persona petita pot treure el nas per veure el món dels grans. I els grans li han de fer lloc i deixar-la mirar.

El pare va tallar el pastís i els mariners van treure begudes. El pastís era boníssim, i l'havia fet el pare. La mare

es va acostar a la Flora i li va dir a l'orella: «Oi, que el pare en sap molt?» I la Flora es va llepar el dit.

Ja s'havien menjat el pastís i els nens corrien per coberta. L'Isidre, com de costum, empipava el maquinista amb mil preguntes. Les nenes van dir que baixaven a terra a veure una grua nova tota pintada de groc que acabaven de posar i que semblava una gran cigonya, tota de ferro. La Flora va pensar que devia pondre uns ous també grocs que no es trencaven mai.

Abans de baixar per la petita passa-

rel·la amb barana de cordes, la Flora es va repensar i els va dir a les nenes que anessin a la grua i que ella ja les atraparia de seguida, que tornava a buscar una cosa. El que va fer era mirar si no la veia ningú i amagar-se a l'armari rebost que hi havia a la cuina. Ara que era la filla del cuiner volia veure com vivien els cuiners.

Justament llavors es va sentir l'explosió. El remolcador es va moure més fort, com si algú el pugés enlaire i el tornés a baixar. Semblava unes muntanyes russes. De seguida el cel es va tornar vermell, tan vermell com quan es veu un volcà encès en una pel·lícula.

A terra es van sentir crits, perquè

molta gent passejava per la vora del mar a aquella hora. Els mariners es van posar a la ràdio. El maquinista va engegar els motors immediatament i el cuiner va demanar a la seva família que baixessin de seguida, que ells haurien de sortir tot seguit. Es van fer un petó i van baixar la passarel·la.

El remolcador va arrencar amb tota la força dels seus motors tan potents i l'aigua feia grans bigotis d'escuma sobre la proa rodona. Les famílies dels mariners ja sabien que, en casos com aquell, havien de sortir ràpidament de l'embarcació perquè els homes poguessin fer la seva feina.

Més enllà del barri de pescadors i dels molls de càrrega hi havia els pan-

talans de les grans companyies industrials. Allà atracaven petrolers i vaixells carregats de productes químics, moltes vegades inflamables i sempre perillosos. La càrrega i descàrrega es feia per mitjà de conductes i tubs des dels dipòsits dels vaixells fins als dipòsits de les fàbriques.

Allà precisament, en un d'aquests molls, es van veure créixer unes flamarades terribles i un fum negre i espès que tapava tot el cel. La mare, quieta encara al mateix lloc on un moment abans hi havia el remolcador, sentia el cor que li anava de pressa, de pressa, com un motor accelerat. Les seves mans semblaven de ferro mentre aguantaven l'Isidre.

Tot a la vora del moll asseguts a la paret de pedra, solia haver-hi pescadors de canya que s'entretenien sense pescar gairebé res. La Flora i l'Isidre se'ls miraven, a vegades, i se'n reien, fins que els pescadors, empipats, els feien fora i tornaven a tirar el fil amb l'esquer de trossets de sardina.

Un d'aquest pescadors, que portava ràdio, explicava a la gent que tenia a la vora el que estava passant.

Havia explotat un gran vaixell petroler al moll de càrrega i descàrrega d'inflamables. Hi havia perill que el foc passés a altres vaixells que també estaven descarregant. Els remolcadors hi anaven per intentar treure el petroler encès i portar-lo a mar oberta. Era una operació molt perillosa. Vés a saber quanta gent hauria mort al petroler, i el que encara podia passar.

La mare se l'escoltava amb el cor encongit. Ella ja ho sabia. Altres vegades s'havien trobat amb incendis i havien hagut de treure vaixells a fora, però un petroler carregat de combustible era diferent. Allò no havia passat mai a la ciutat, però havia vist per televisió casos semblants en altres països i estava esgarrifada.

L'home també va dir que per ràdio recomanaven que tothom es tanqués a casa seva, i que si el fum cobria la ciutat, que es posessin tovalloles humides a la cara i tapessin bé totes les finestres. El pescador va plegar la

canya i va marxar tot seguit.

Es començaven a sentir sirenes i més sirenes. Els cotxes de policia i ambulàncies anaven cap avall i la gent fugia cap amunt. Tothom estava nerviós.

Llavors va venir la Carme amb les dues nenes i la cara com un ciri de llarga, dient que la Flora no era amb elles a la grua. La mare va fer un crit:

—Ha caigut a l'aigua, la nena ha caigut a l'aigua!

—La nena no ha caigut, calma't! —la Carme li agafava el braç i també cridava—. Mira què diuen aquestes dues. Diuen que la Flora no ha volgut baixar amb elles a veure la grua i que s'ha quedat al remolcador.

—Al remolcador? N'esteu segures,

nenes? Però si van cap al lloc de l'explosió! Isidre, has vist la Flora, dalt?

L'Isidre estava encongit i no gosava mirar la mare.

—Jo era a les màquines i m'han fet sortir corrents. El que he vist, abans d'anar a les màquines, és que la Flora era a la cuina i regirava l'armari i el rebost.

—Senyor! Aquella criatura es deu haver quedat tancada i no l'han vista. Què li passarà, ara? Vaig a avisar la companyia de remolcadors. Carme, porta la canalla cap a casa, ràpid, que jo pujaré quan pugui.

Llavors la ciutat sencera ja engegava els cotxes per marxar carretera enllà i tancava portes i finestres. La

tarda prenia color encès i la fumarada feia caure cendres i sutge sobre cases, camps i jardins. Semblava que s'acabés el món.

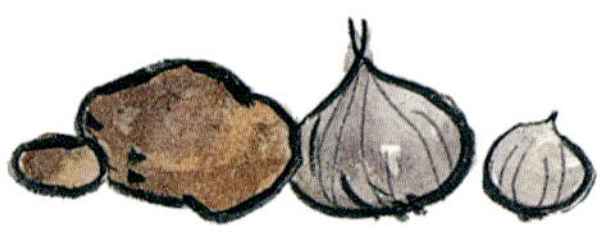

La Flora s'havia amagat al rebost. Quan l'aigua va fer pujar el remolcador i les altres barques del port com si fossin pilotes, la porta del rebost es va tancar en sec i la Flora va caure sobre un sac de patates i un caixó de cebes. Es va fer una mica de mal, no gaire, però el pitjor era que es va espantar perquè estava a les fosques i no sabia què passava.

Llavors va sentir els motors que engegaven amb aquell soroll tan fort, i el remolcador que feia mitja volta i sortia com un cavall de curses. Les coses de la cuina tentinejaven, però ja se sap que als vaixells tot està molt ben subjectat i res no cau ni es trenca.

Al cap d'una estona inacabable, algú va obrir la porta i la va treure d'allà. Era el seu pare, el cuiner. Li va

fer una abraçada, dient-li que no podia estar per ella i que allò era molt perillós, perquè s'havia encès un vaixell. Havien rebut l'avís per ràdio que busquessin una nena que s'havia quedat a bord.

—I resulta que eres tu... per què ho has fet?

La Flora no sabia què dir.

—Volia veure on vivies...

—Però si ja ho saps! Com se t'ha ocorregut quedar-te? És molt perillós, ser aquí ara.

—Volia veure la teva cuina. L'Isidre bé va a mirar les màquines...

—Però una cuina no té res d'important.

La Flora ja ho sabia, que una cuina

no té res de particular, però ara estava espantada i no li sortien les paraules.

—No et moguis d'aquí, em sents? Vaig a avisar per ràdio que ja t'hem trobat. La mare està patint per tu.

—Què passa, pare?

—Ha explotat un petroler. Tu no et moguis, et dic. Jo tornaré quan pugui.

A la Flora li va passar una cosa estranya. Ara que estava al mig d'una aventura es començava a sentir valenta. Com que des de la cuina no podia veure res, va anar al menjador. Des d'allà, a través dels vidres, veia una gran fumarada i una foguera enorme, com un volcà per dins. A la taula encara hi havia restes de pastís i va pas-

sar el dit per la crema de nata amb maduixes. Que *guai*, veure l'incendi llepant nata de color de rosa.

Els mariners portaven uns vestits com astronautes, i el pare també. Devia ser pel foc. Tots eren a fora estirant cordes, inclinant mànegues i cridant per ràdio a la gent dels altres remolcadors. No podia distingir el pare. En aquell moment, o tots eren capitans o tots cuiners.

La Flora va agafar el paquet de les ulleres submarines i el va amagar al sac de les patates, no fos que amb el moviment del remolcador caiguessin per terra, tanta il·lusió que li feien.

La barca va anar frenant fins que es va parar. Al menjador, com que estava tot tancat, feia molta calor. Potser s'encendria tot com una foguera de Sant Joan. Ara la Flora només podia veure fum espès i mànegues que tiraven aigua fent un gran arc i molta bromera. El cor li va fer un salt perquè pensava que d'allà no es podia escapar. Però hi havia els homes, que eren forçuts, i no passaria res.

«Crooc, craac!» Uns sorolls molt forts van fer que el remolcador trontollés una mica. Què devia ser? No es va atrevir a sortir, i va enganxar el nas als vidres. Se sentia una pudor que la feia tossir. A la coberta hi havia trossos de ferro i un home assenyalava tres forats a la fusta.

Un braç molt ràpid va agafar la Flo-

ra per la cintura i se la va emportar a la cuina d'una revolada.

—No et moguis d'aquí si no vols que et lligui a la cadira —va dir una veu enfadada.

Era el pare, que portava la cara emmascarada i les mans negres. Duia un casc i les gotes de suor li rajaven front avall. Es va rentar les mans a la pica amb detergent, va buscar la cafetera i es va posar a fer cafè. Tenien un termos gran i l'anava omplint. Feia cafè pels homes. Hi havia una ampolla d'*orujo*. Era una beguda forta i la Flora ho sabia perquè els homes ho deien. La portaven de Galícia i els agradava molt.

El pare se'n va emportar el termos,

tasses de ferro amb nansa i l'ampolla d'*orujo*, tot cap a coberta, on els homes treballaven. La Flora es va quedar a la cuina, amb les cebes i les patates.

Al cap d'una estona, com que s'avorria, va anar cap al dormitori. Hi havia dues habitacions amb quatre lliteres cada una. Ella no hi havia entrat mai, allà. Quina devia ser la del pare? Hi tenien fotografies enganxades, i

per això va saber que ell dormia en una llitera baixa, al costat d'una finestra, on hi havia una foto de la família.

Es va estirar al llit i sentia sirenes, crits, sorolls estranys i molta calor. Ella, vestida de verd per a la seva festa d'aniversari, acabava el dia allà dins, tota sola. Es va aixecar per anar a buscar les ulleres que tenia al sac de les patates. Volia dormir amb les ulleres al costat.

Quan obria la porta del rebost per agafar el paquet, es van sentir unes veus fortes d'homes que entraven al menjador cridant. Immediatament el remolcador va girar i va agafar velocitat. Semblava que marxaven de l'incendi. Amb el moviment del vaixell, la

Flora va tornar a caure sobre les patates i les cebes, i va pensar que ja estava tipa de caure allà. Però aquesta vegada la porta no se li va tancar de cop i va poder sortir.

Va obrir una mica la porta de la cuina per espiar amb un sol ull. Si l'enxampaven li donarien una bufetada, segur. Va veure que portaven un home agafat pels braços, cap al llit. Li treien el vestit d'astronauta i el casc. Era el pare, que tenia sang a la cara. La Flora es va posar la mà a la boca i no sabia si anar corrents al llit o quedar-se allà. Segurament la renyarien i la farien sortir a empentes.

No podia treure els ulls de la cara fosca d'aquell home que no era capità.

Aquell home que li havia fet un pastís de maduixa, que li havia regalat unes ulleres i que tenia la seva fotografia al costat del llit. I ella, quan va arribar, no li havia volgut fer un petó. Per què? Perquè era cuiner. Ara li començava a saber greu.

La Flora es va mirar la petita cuina, amb els plats ben arrenglerats i les cassoles lluentes com la plata. Oli, sal, sucre, gots. A l'armari hi havia draps de cuina de ratlles, molt nets i ben plegats en un prestatge.

Va agafar un drap de l'armari i el va mullar amb l'aigua de l'aixeta. Els mariners ja no li feien por. Es va acostar a la llitera, a poc a poc, amb el drap estès a les mans, com aquella mare de

Déu que surt a la processó tota vestida de blau.

Els mariners, quan la van veure amb les mans esteses, la van deixar passar i ella va posar el drap tot blanc sobre el front del pare, perquè feia molta calor i allò el refrescaria.

El pare va obrir els ulls. Tenia sang a la cara. Volia somriure i no podia. Va estirar un braç per agafar la mà de

la Flora. La Flora no s'atrevia a acostar els llavis a la cara ferida i li va fer un petó a la mà. La mà del cuiner.

Un dels mariners es va emportar la Flora al menjador, se la va asseure als genolls i li va dir que s'enduien el pare a la infermeria, que allà el curarien molt bé. S'havia ferit amb un bocí de ferro que havia saltat del petroler que s'encenia. Quan parlava, aquell home feia una pudor forta de fum, de suor i del licor de l'ampolla clara. Però reia, i va fer passar tota la por que tenia la Flora.

Van baixar el ferit i la Flora. La mare era allà, que s'esperava, i va acompanyar el seu home a curar-se. La mare plorava perquè no sabia què li podia passar a la Flora, tan a prop de l'incendi. Però no la va renyar. La Flora portava el paquet amb les ulleres, agafat ben fort. Una mà encara li feia olor de pastís de maduixa. L'altra, de fum.

Al pare li van posar cinc punts per cosir-li la ferida i ja va poder anar cap a casa amb la cara embenada. Aquella nit no va dormir gaire gent, a la ciutat. Tothom mirava aquella columna de fum i foc, amenaçadora.

Però els remolcadors ja havien pogut estirar el petroler fora del moll i no hi havia perill que els altres vaixells explotessin. Eren valents, aquells homes, tothom ho deia.

A casa de la Flora hi van anar molts

amics a veure el pare i felicitar-lo, i la Flora es posava més i més contenta. Agafava la mà del pare i cada vegada es recordava menys que aquell dia el pare havia deixat de ser capità i s'havia tornat cuiner. Ara el cuiner era tot un personatge i fins i tot van venir de la ràdio i del diari a fer-li entrevistes. La mare servia gots de vi als periodistes i a les visites, i la Flora, sense deixar les ulleres, ja no se sentia sola.

Va passar l'estiu, començà el curs i s'acostaven les festes de Nadal. A la Flora li agradaven aquestes festes més que cap altra. A col·legi els ensenyaven cançons i retallaven campanes, avets i Pares Noels. Tothom escrivia la carta als Reis, i els més grans també, perquè no es volien quedar sense regals.

La Flora pensava moltes vegades el que li havia dit la mare dels Reis Mags, que eren reis de veritat perquè vivien al costat del nen Jesús i de la Mare de Déu. Eren reis i mags, i podien fer coses fantàstiques. En record seu, la gent gran feia regals als nens, perquè els Reis també n'havien fet al nen Jesús. I sembla que el nen Jesús estava content, perquè els feia pessigolles al cap mentre ells s'agenollaven al seu davant.

Com cada any, al remolcador havien posat garlandes, un arbre il·luminat i un pessebre petit. La cuina esta-

va plena de xoriços, pernils, empanades i pastissos d'ametlles. Semblava la cuina d'un palau. El pare preparava un gall dindi amb prunes, panses, pinyons, poma i cansalada.

Però el més bonic de tot va ser la vigília de Reis. Els Reis arribaven sempre a la ciutat per mar, i els portava un remolcador diferent cada vegada. Aquell hivern tocava al *Roma*. El *Roma* portaria els Reis d'Orient.

Quan la Flora ho va saber, ho va dir als nens i nenes de la classe, i tothom hauria volgut tenir un pare com el de la Flora, que portaria els Reis d'Orient.

Els mariners van guarnir el vaixell amb gallarets que anaven de punta a punta entre bombetes de colors, com

si fos una festa major. No paraven de tocar la sirena amb aquell soroll tan fort: «Booop, booop, boooop!». L'aigua del port brillava de tantes llums enceses a tots els remolcadors.

Al moll hi havia tanta gent que no hi cabia ni una agulla. Carrosses plenes de sacs de caramels, romans a cavall, camions esperant que els patges descarreguessin les caixes de joguines,

en fi, que aquella nit es feia la càrrega i descàrrega més bonica de tot l'any al port de la ciutat. Els mariners bevien *orujo* i cantaven cançons dels seus pobles llunyans.

Tots els nens i nenes anaven amb anoracs gruixuts i amb gorres de llana i bufandes fins més amunt del nas. Els ulls brillaven d'alegria, igual que les bombetes de colors.

La Flora i l'Isidre eren dalt del remolcador del pare. Per la Flora ja tornava a ser el remolcador del pare. I ara el pare feia un pastís d'avellanes i crema perquè els Reis Mags d'Orient en mengessin. Eren llaminers, els Reis, i estaven acostumats a coses fines. L'olor a la cuina era com si fos la cuina del cel. O la d'algun palau. També hi havia bunyols, i *filloas*, que és un postre molt bo de crema i confitura que saben fer els gallecs.

La taula estava parada que feia goig, amb unes estovalles blanques amb branques d'avet i campanetes estampades. A fora, a coberta, hi havia tauletes amb ampolles d'anís i plates de rosques ben ensucrades, pels patges. Els patges eren tants que no cabien al menjador.

Els mariners havien tingut feina, perquè també havien preparat galledes grans amb aigua, i sacs de gra pels camells i cavalls, que devien estar cansats d'un camí tan llarg per tots els pobles del món.

Aquesta vegada la Flora portava un abric vermell fet a casa de la Carme. I guants i bufanda vermells, a joc. L'Isidre se'n reia. Li deia que semblava la Caputxeta Vermella sense llop, però ella no en feia cas perquè l'abric li agradava molt.

Llavors el remolcador va marxar, amb les sirenes engegades, a buscar els Reis, que venien en un transatlàntic com el que volia pilotar l'Isidre quan fos gran. Aquella nit, però, les sirenes eren d'alegria.

El pare va rebre els Reis i els va servir pastís en uns plats de sanefa daurada. Els Reis portaven guants i no es van llepar els dits, però se'ls haurien llepat, segur, si no hi hagués hagut

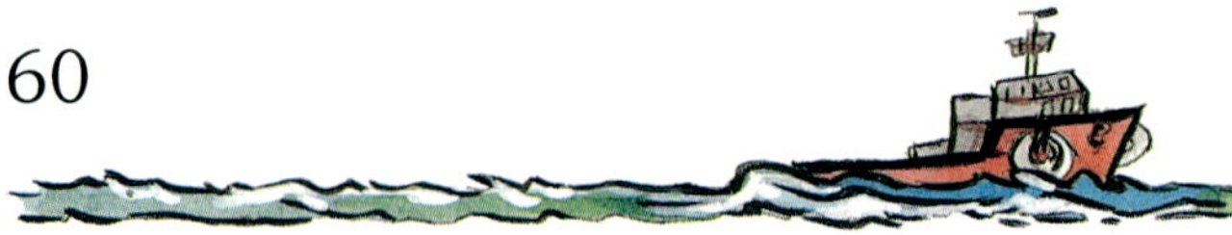

tanta gent que els mirava. La Flora va ser presentada al Rei Ros, que li va posar la mà al cap i li va donar una capseta embolicada. Què hi havia? Una ploma estilogràfica de plata amb una coroneta pintada al capdamunt.

La Flora badava mirant els Reis, que portaven unes capes de vellut verd, groc i vermell, amb pell blanca als costats i brodats d'or i plata. Quan els Reis movien el cap, les corones brillaven, amb l'or i tot de pedres de colors.

La Flora pensava que era bonic que hi haguessin Reis Mags, perquè tothom estava content, almenys una vegada l'any.

Després es mirava el pare i pensava que era bonic que hi haguessin bons cuiners, perquè també tothom estava satisfet de veure una taula ben parada i plena de coses bones. I els que no eren Reis es podien llepar els dits.